Daniel Innerarity

COMPRENDER
LA DEMOCRACIA

Serie Más Democracia
Directora: Manuela Sánchez
Editores: Cristina Monge y Jorge Urdánoz

¿Se puede medir la calidad de la democracia?
¿Estamos correctamente representados con el actual
sistema electoral? ¿Ha de reformarse la constitución?
¿Cómo funcionan por dentro los partidos
políticos? ¿Cómo se financian? ¿Qué ocurre con la
corrupción? ¿Cómo podemos combatirla? ¿Cuál es
el motivo que subyace a la aparición de los nuevos
movimientos políticos? ¿Son todos populistas?
¿En qué consiste la nueva cultura feminista?

La serie Más Democracia procura responder
a estas y otras preguntas en clave divulgativa,
y señala cuestiones decisivas para entender tanto
el mundo actual como los retos que plantea
la política institucionalizada.

Se trata de un proyecto editorial surgido gracias
a la colaboración con una plataforma ciudadana
que lleva el mismo nombre que la serie y que
persigue luchar contra la actual perplejidad política
a la vez que promocionar, fomentar y desarrollar
los valores y principios democráticos.

COMPRENDER LA DEMOCRACIA

Daniel Innerarity

© Daniel Innerarity, 2018

Diseño de cubierta: Juan Pablo Venditti
Corrección: Marta Beltrán Bahón

Primera edición: noviembre de 2018, Barcelona
Reedición: febrero de 2019, Barcelona

Derechos reservados para todas las ediciones en castellano

© Editorial Gedisa, S.A.
Avda. Tibidabo, 12, 3º
08022 Barcelona (España)
Tel. 93 253 09 04
gedisa@gedisa.com
www.gedisa.com

Preimpresión:
Editor Service S.L.
www.editorservice.net

ISBN: 978-84-17341-84-8
Depósito legal: B.4306-2019

Impreso por Ulzama

Impreso en España

Printed in Spain

Queda prohibida la reproducción total o parcial por cualquier medio de impresión, en forma idéntica, extractada o modificada, en castellano o en cualquier otro idioma.

Índice

Presentación. Una democracia que se entienda: empezando por el principio... 9
Cristina Monge y Jorge Urdánoz

Comprender la Democracia

Introducción 29

La democracia de los incompetentes.... 31

La inabarcabilidad política 37

Democracia como complicación 43

La adquisición de competencia política.. 47

Soluciones democráticas para hacer inteligible la política................ 75

Bibliografía 81

Presentación
Una democracia que se entienda: empezando por el principio

Cristina Monge y Jorge Urdánoz

No es casualidad que esta colección arranque reivindicando la necesidad de una democracia que se entienda, y que lo haga de la mano del filósofo Daniel Innerarity.

Tuvimos la tentación de titular este primer texto con el rótulo *¡La política no hay quien la entienda!*, dado que partimos de este diagnóstico y del profundo convencimiento de que sin una ciudadanía activa y participativa, formada e informada, que entienda lo que se debate en el espacio público de forma que pueda intervenir en él, es imposible hablar de calidad democrática. Nuestra vocación propositiva nos hizo decantarnos, finalmente, por la expresión de un deseo que entendemos es una profunda necesidad: una democracia que se entienda, una política comprensible para el conjunto de la ciudadanía. Y una ciudadanía responsable que entienda la democracia como algo que va más allá de una convocatoria electoral. Sólo así podremos abordar temas que nos parecen importantes, pero siempre que se parta de esta base, empezando por el principio.

La crisis financiera que estalló en 2008 con la caída de Lehmann Brothers y que se convirtió inmediatamente en una crisis económica, social, política y de sostenibilidad, sacó a la luz muchas de las carencias que arrastran las democracias occidentales. Tras ella surgieron numerosísimos movimientos de protesta que, con diferentes perfiles y énfasis en los distintos Estados, tenían en común la desafección con el sistema político y la crítica a un sistema institucional que se mostró incapaz de gestionar la crisis con la mirada puesta en el interés general, generando una enorme sensación de indefensión en el conjunto de la ciudadanía. De ahí el «no nos representan» que gritaban los indignados e indignadas que llenaron plazas y calles de las principales ciudades españolas, como ocurriría después en otros países de nuestro entorno.

Asistimos en esos años a un proceso de repolitización de la sociedad: crecía el interés por los asuntos políticos, los medios de comunicación se llenaron de espacios de debate y análisis político en *prime time*, se asistió a una eclosión de libros, publicaciones y reflexiones que intentaban explicar en tiempo real lo que acontecía, y en los espacios más cotidianos, en las puertas de colegios, en el metro o en el supermercado, se oía hablar de política y de los políticos.

En ese contexto adquirió protagonismo la idea de crisis de la democracia y un eslogan emergió con fuerza: ante la crisis de la democracia, más democracia. En su defensa acudieron expertos y teóricos preocupados por las fallas que el sistema había dejado a descubierto y otras nuevas que se iban gestando fruto de la deriva de la crisis. Muchas de estas líneas de pensamiento aludían a teorías relacionadas con la democracia participativa, con la democracia deliberativa, o con lo que Pierre Rosanvallon denominó la democracia de apropiación,[1] una idea de democracia basada en procesos de implicación social —tanto colectiva como personal— en los asuntos comunes, trascendiendo la separación entre gobernantes y gobernados propia de la democracia representativa, basada en la identificación.

Con matices y enfoques diferentes, todas estas líneas de pensamiento discurren por la vía de incrementar la intervención de la ciudadanía en el espacio público, lo que supone hacer realidad la máxima de que sin sociedad democrática no hay política democrática. Ahora bien, ¿qué es una sociedad democrática? Es, sin duda, aquélla en la que, al contrario de lo que ocurría con el *idiotés* griego, la ciudadanía muestra interés, disposición

---

1. Rosanvallon, P. *La legitimidad democrática. Imparcialidad, reflexividad y proximidad*, traducción de H. Cardoso, Paidós, Madrid, 2010, pág. 297.

y capacidad de intervenir en la esfera pública. Es decir, se apropia de ese espacio público, en todo lugar y momento, en un ejercicio de responsabilidad democrática.

De todo menos sencillo: Un contexto complejo

Esa obligación democrática es, sin embargo, de todo menos sencilla, y más en el contexto actual. Vivimos en sociedades complejas en las que múltiples actores interactúan continuamente en una esfera que ya es global, generando entre ellos dinámicas que poseen una relevancia obvia para nuestras vidas, pero que parecen situarse totalmente fuera de nuestro campo de influencia. En esa maraña, ser capaces de diferenciar lo importante de lo accesorio, valorar la relevancia de cada acontecimiento, conseguir identificar los principales elementos y cómo interactúan entre ellos, es todo un reto para sociedades que corren el peligro de morir ahogadas en una sobreabundancia de mensajes. «En las grandes inundaciones, lo primero que escasea es el agua potable, y en las grandes inundaciones de señales informativas, lo primero que escasea es la información potable. La localización de focos de información potable se convierte en la actividad más delicada, trascendental e importante en este momento». Así describe Iñaki Gabilondo este fenómeno, caracterizado por la dificultad de dotarse de información fiable en un entorno bombardeado sin cesar por eslóganes que buscan impactarnos.

En las sociedades desarrolladas el problema al que se enfrenta la ciudadanía no es sólo el de la falta de información, sino también —y quizá más grave— el de la abundancia de mensajes. Vivimos continuamente rodeados de *inputs* e impactos comunicativos que, muy a menudo, en lugar de servirnos como elementos para la formación de opinión, contribuyen a generar más confusión o a desviar el foco de los asuntos fundamentales a otro tipo de atención. Merece la pena detenerse un momento en algo que Innerarity enuncia al principio de su reflexión y que es crucial para entender el resto: la tríada datos – información – conocimiento.

Entendemos los datos como factores objetivos sobre un hecho real, algo descriptivo con pretensiones de objetividad. Tras un procesado a través de la contextualización, la categorización o el análisis, conseguiremos transformar esos datos en información, es decir, en la explicación de un fenómeno, dentro de un contexto y en relación con el resto de elementos. Si este proceso se lleva a cabo de modo satisfactorio, la información así conseguida debería ser capaz de servir a su fin último, que no es otro que generar conocimiento. Porque sólo el conocimiento nos capacita para poder explicar la realidad y desenvolvernos en ella con un criterio formado.

En la sociedad de la información y el conocimiento, paradójicamente, ese proceso raras veces ocurre, lo que dificulta sobremanera la capacidad de comprensión. A la ausencia de conversión de datos en conocimiento hay que añadir la sobreabundancia de mensajes. Necesitamos categorizar, distinguir lo importante de lo accesorio, comprender los diferentes grados de conocimiento sobre un tema dado. Pero nos encontramos sumidos en una tormenta de información con demasiada frecuencia inconexa y anárquica.

La instancia mediante la que, tradicionalmente, se encauzaba y daba sentido a ese proceso de debate, deliberación y aprendizaje colectivo eran los medios de comunicación. Pero ahora los medios se hallan también inmersos en la propia crisis de la complejidad. La reflexión de Innerarity es aquí enormemente lúcida.

Podrá decirse que todas las instancias de mediación se han visto cuestionadas por la emergencia y protagonismo de la red, y parte de verdad hay. Ya no es imprescindible acudir a una agencia de viajes para organizar unas vacaciones en un país lejano, ni visitar una inmobiliaria para comprar o vender un piso, ni, por supuesto, sufrir las aglomeraciones de un centro comercial para consumir bienes o servicios. Cualquiera de estas gestiones se puede hacer en la red. Sin embargo, todas ellas necesitan de un mínimo de conocimiento: Comprar un billete de tren a una ciudad conocida no requiere de más información que los horarios, pero organizar una escapada a un país lejano y desconocido exige conocer el país, los operadores locales, los riesgos, los sitios de interés, etc. Es decir, aquellos asuntos complejos, aunque se puedan resolver *online*, necesitan de prescriptores que nos guíen por sendas desconocidas. Y si esto es importante para cuestiones cotidianas como puede ser organizar un viaje, adquiere especial relevancia si de lo que se trata es de formarse opinión sobre temas desconocidos, lejanos y complejos cuya repercusión en nuestras vidas, muy a menudo, no alcanzamos a comprender.

La información, por tanto, ha de ser clara, fácilmente comprensible para el conjunto de la ciudadanía. Así lo entienden también autores como Rosanvallon, que ponen el acento en la legibilidad, entendida ésta como accesibilidad a la información, lo que implica una labor de interpretación y disponer de la capacidad para entenderla. No se trata, por tanto, de poner la información a disposición del público, sino de generar un proceso en el que tanto las instituciones como la sociedad actúen para crear un espacio de conocimiento.

Esto implicará, por un lado, el esfuerzo institucional de proporcionar la información de forma clara, correcta y legible, y por otro, el esfuerzo también de la sociedad para entender e interpretar. En este sentido, Rosanvallon y otros autores aluden tanto al papel de los medios de comunicación como al de los intelectuales, la escuela y las entidades ciudadanas que ayudan en este sentido.

Más democracia, más complejidad

Lo descrito hasta aquí es sólo parte del contexto en el que tiene lugar el desafío y las dificultades que aquí se plantean. A la necesidad de profundizar en la idea de democracia, y al convencimiento de que para que tal cosa exista resulta esencial que ésta sea abarcable por el conjunto de la ciudadanía, hay que añadir una cuestión crucial para entender bien la dimensión del reto: la constatación de que la democracia, cuanto más se acerca a su ideal, más y más compleja se torna: más actores, con más intereses en juego, discurriendo por múltiples vías, ensanchando el margen de lo posible. Esto es algo en lo que Innerarity profundiza a lo largo de estas páginas, intentando describir cómo los sistemas democráticos, que se inscriben en sociedades complejas, tienden a volverlas todavía más complejas. La afirmación con la que arranca su texto no deja lugar a dudas: «No es sólo que la sociedad se haya hecho más compleja sino que la democratización misma aumenta el nivel de complejidad social», y añade más adelante: «Por su propia naturaleza, la democracia es un generador de contingencia; politizar, democratizar, implica siempre complicar ciertas cosas que antes estaban decididas por la tradición, cuestionar la autoridad establecida, ampliar el campo de lo políticamente discutible, en suma, multiplicar las posibilidades».

Si pensamos en los temas que nos ocupan y preocupan veremos que se trata de asuntos cada vez más lejanos, complejos y cuyas repercusiones en muchas ocasiones no alcanzamos a comprender. Nos cuesta hacernos a la idea de lo que está suponiendo ya el cambio climático en nuestras vidas y exploramos vías que no sabemos si serán las correctas: cambio de modelo energético, replanteamiento de nuestro modo de producción y consumo. Sí, pero ¿es suficiente?, ¿son las vías correctas?, ¿qué otros riesgos encierran? Ignoramos qué consecuencias pueden derivarse de una subida o bajada de los tipos de interés en Estados Unidos porque desconocemos la identidad de los actores que pueden reaccionar influyendo en los mercados, y sus intereses y estrategias se nos escapan. Y nos preguntamos con desasosiego hasta qué punto la globalización ha engendrado la larva de un nuevo fascismo xenófobo en Europa que no sabemos hasta dónde es capaz de llegar. Es más, incluso plataformas políticas que recogen a líderes de tradiciones progresistas pueden comenzar a hilvanar discursos sobre la inmigración que generan más dudas que certezas. Apenas alcanzamos a apuntar algunas de las causas de los fenómenos que nos rodean, y tenemos serias dificultades para entender sus consecuencias porque el espacio público se ha tornado desmedidamente complejo.

Desde el punto de vista de los actores, de aquellos que intervienen en la conversación, el análisis sigue apuntando a una complejidad creciente. Lejos quedaron —afortunadamente— los tiempos en que los responsables de los gobiernos y algún personaje relevante de la vida de cada país protagonizaban esa conversación. Hoy la pluralidad de la sociedad se refleja en una miríada de organizaciones sociales, centros de conocimiento, complejos empresariales, responsables públicos y privados, agencias, instituciones, *lobbies* y un largo etcétera. Y todos esos sujetos intervienen en la conversación y ejercen influencia. En un principio se generó el espejismo, hoy superado, de que cualquier ciudadano con conexión a internet podría tener un papel relevante en esa conversación pública. Una esperanza que pronto se reveló infundada, pues la red tiende a reproducir estructuras y posiciones de poder que se dan en el mundo físico, antigua verdad a la que hay que añadir, además, que ahora los actores y protagonistas de la información se han multiplicado exponencialmente, introduciendo todavía más complejidad en el sistema.

Y si el qué y el quién apuntan hacia la complejidad, el dónde va en la misma dirección. La conversación actual es una conversación global porque el espacio público es el lugar en el que discurre esa conversación, y no conoce de fronteras nacionales ni territoriales. Cosa distinta es cómo se articulan las comunidades en ese espacio global, de forma cada vez más cerrada y con menos comunicación entre ellas.

Nos acercamos así a la idea de «inabarcabilidad» empleada por Habermas, quien pone el énfasis en la sobrecarga del observador, hasta tal punto que la política es incapaz de mostrar el conjunto de la sociedad, sus actores, sus lógicas y sus discursos.

¿Qué hacer ante esta inabarcabilidad de la política, ante esta incapacidad para comprender asuntos que determinan nuestras vidas y sobre los que se exige de la ciudadanía un interés y una opinión? Innerarity lo tiene claro: más democracia.

¿Cómo afrontar la paradoja?

Como ha podido verse, el contexto en el que vivimos es de una complejidad creciente y la propia democracia aumenta el nivel de complejidad. Pero sin una sociedad capaz de comprender y entender lo que se dirime en el espacio público, no podremos hablar de calidad democrática. ¿Cómo afrontar esta paradoja? A eso es a lo que Daniel Innerarity presta más atención a lo largo de estas líneas. Para ello, desarrolla un recorrido por las opciones más conocidas. ¿Es un problema que se pueda afrontar mediante una mayor formación de los individuos que forman la comunidad? No es la primera vez que Innerarity aborda esta pregunta, ya lo hizo en *La democracia del conocimiento*, pero ni entonces ni ahora apuesta por esta vía. «Algunos estudios ponen de manifiesto que el incremento de la educación no aumenta la comprensión que la ciudadanía tiene de la política», dirá. Porque de lo que se trata no es de acumular conocimientos, sino de desarrollar disposiciones de tipo emocional, apertura al diálogo, motivación para la búsqueda de acuerdos, etc.

¿Puede, entonces, buscarse en la simplificación esta estrategia para hacer comprensible la política? En palabras de Innerarity, se trata de una estrategia inevitable: «Podemos lamentar las limitaciones que imponen el *framing* dominante, los algoritmos de búsqueda con sus intereses comerciales, la autoridad de los *gate keepers*, pero en una sociedad compleja todos son inevitables. Podemos y debemos someterlos a una revisión democrática, pero no creo posible que la competencia política popular se consiga sin algún género de simplificación».

¿Y el recurso a los expertos? Duda mucho el autor, y nosotros con él, en que los expertos sean una voz unívoca, incontestable y con la objetividad de un autómata infalible. Lejos quedaron aquellos tiempos de fe ciega en la técnica, y menos si de asuntos sociales, políticos o económicos se trata. «Las élites del conocimiento no disponen de una perspectiva privilegiada en relación con lo socialmente desconocido», nos dirá recordando a Ulrich Beck.

En su reflexión, Innerarity apuesta de forma clara por una solución más democratizadora desde la óptica de lo colectivo. «Hemos de aumentar las competencias políticas, desde el punto de vista individual mediante la formación política, pero especialmente las capacidades colectivas, a través de la cooperación y mediante sistemas de gobierno inteligentes».

La idea de sociedades inteligentes remite a la imagen de organizaciones que aprenden, que son capaces colectivamente de analizar, debatir, sacar conclusiones y aplicarlas en ulteriores decisiones. Sociedades democráticas serían, por tanto, aquellas que son capaces de aprender mediante dispositivos de organización institucional de la inteligencia colectiva.

Más democracia significa, en este contexto, situar el énfasis en el incremento de las capacidades colectivas mediante la cooperación, siendo capaces de crear sistemas de gobierno inteligentes. La apuesta de Inneratity para conseguir que la política sea algo comprensible en tiempos de creciente complejidad pasa irremediablemente por ser capaces de crear sociedades inteligentes, que no es lo mismo que sociedades con individuos formados. Se trata, en palabras del autor, de «fortalecer la cooperación y la organización institucional de la inteligencia colectiva».

A esa tarea vamos a dedicar la colección que ahora inauguramos, y por eso hemos querido abrirla con esta reflexión de Innerarity. Queremos contribuir a mejorar el debate público ayudando a entender algunos de los fenómenos que nos ocupan con el objetivo de hacerlos comprensibles al conjunto de la ciudadanía. Aspiramos a explicar de forma sencilla —que no simple— aquello que es complejo. Porque entendemos que la política, y la democracia, son cosas demasiado importantes para dejarlas sólo en manos de unos pocos, «sean quienes sean» esos pocos. Por eso, hacemos nuestra la máxima que nos dio nombre e iniciamos este proyecto convencidos y convencidas de que ante la crisis de la democracia: ¡Más Democracia!

Comprender la Democracia

Introducción

La Revolución americana tuvo como lema «No hay impuestos sin representación»; la situación actual de la democracia bien podría llevarnos a exclamar «No hay democracia cuando no se comprende». La democracia sólo es posible gracias a un aumento de la complejidad de la sociedad, pero esa misma complejidad parece amenazar a la democracia. Hay un claro desajuste entre la competencia real de la gente y las expectativas de competencia política que se dirigen a la ciudadana en una sociedad democrática. No es sólo que la sociedad se haya hecho más compleja sino que la democratización misma aumenta el nivel de complejidad social. Esta inabarcabilidad puede ser combatida mediante ciertas adquisiciones de competencia política que reducen parcialmente ese desajuste, como la mejora del conocimiento individual, diversas estrategias de simplificación o el recurso a los expertos. Mi hipótesis es que, frente a la seducción del recurso a los procedimientos desdemocratizadores, las mejores soluciones son las más democráticas: fortalecer la cooperación y la organización institucional de la inteligencia colectiva.

La democracia de los incompetentes

Todo parece apuntar a que vivimos en una democracia de los incompetentes. Hablamos de una «*monitory democracy*» que dispone de «mecanismos para monitorizar al poder» (Keane 2009, 688), pero lo cierto es que tenemos una ciudadanía que carece de esa capacidad por falta de conocimiento político, por estar sobrecargada, mal informada o ser incapaz de procesar la información cacofónica, o estar simplemente desinteresada. El origen de nuestros problemas políticos reside en el hecho de que la democracia necesita unos actores que ella misma es incapaz de producir (Buchstein 1996, 295).

Lo que hace cada vez más difícil la observación crítica de la política es la incapacidad de procesar la información, la complejidad de los temas y la contingencia de las decisiones. La crisis del sistema financiero, la complejidad de las negociaciones sobre el cambio climático, las condiciones para la sostenibilidad de nuestros sistemas de pensiones o las consecuencias laborales de la robotización son asuntos que han despertado sentimientos de rabia o miedo, pero que apenas resultan comprensibles para la gente. No hay democracia sin una opinión pública que ejerce un control efectivo sobre el poder, formula sus críticas y hace valer fundadamente sus exigencias. Todo ello presupone que dicha opinión pública entiende correctamente los procesos políticos. El problema es que en nuestras democracias no se da esta circunstancia y la creciente complejidad de lo político dificulta que haya una opinión pública competente a la hora de entender y juzgar lo que está pasando, algo que está en plena contradicción con uno de los presupuestos normativos básicos de la democracia. Una figura central del modelo clásico de democracia es el ciudadano informado que es capaz de formarse una idea sobre los asuntos políticos y participar en los procesos en los que se adoptan las decisiones correspondientes. Aunque esta figura ha sido siempre algo exagerada desde el punto de vista normativo, las nuevas condiciones del mundo en que vivimos parecen haberla convertido en una ilusión o un anacronismo.

Del mismo modo que el pueblo o el contrato social fueron mitos fundadores, ficciones útiles para explicar y legitimar el poder político, la idea de una ciudadanía que monitoriza continuamente al poder es un modo de explicar las cosas pero no tanto un instrumento disponible. El poder del público en relación con la política formal ha sido siempre meramente fragmentario, pasivo, indirecto e impreciso. Entenderlo de otro modo es entregarse a la frustración. «La sociedad moderna no es visible para nadie, ni inteligible continuamente en su totalidad» (Lippmann 1993, 32). La ininteligibilidad de la política es un problema que apenas puede resolverse optimizando la gestión de la información o la tecnología disponible. Esta ininteligibilidad no es un déficit meramente cognitivo sino democrático: si hay un desajuste profundo entre lo que una democracia presupone de los ciudadanos y la capacidad de éstos para cumplir tales exigencias, si la gente no puede elegir razonablemente como era de esperar, entonces el autogobierno es imposible. Cuando ciudadanos o electores están desbordados y no consiguen comprender lo que está en juego, entonces la libertad de opinión y decisión pueden ser consideradas un reconocimiento formal irrealizable.

Una opinión pública que no entienda la política y que no sea capaz de juzgarla puede ser fácilmente instrumentalizada o enviar señales equívocas al sistema político. Esta confusión explica buena parte de los comportamientos políticos regresivos: la simplificación populista, la inclinación al decisionismo autoritario o el consumo pasivo de una política mediáticamente escenificada. La política se convierte en un «diletantismo organizado» (Wehner 1997, 259), en la medida en que sus operaciones sólo tienen un valor de entretenimiento, como lo pone de manifiesto, por ejemplo, el hecho de que discutamos más acerca de las personas que de los asuntos políticos o el creciente valor del escándalo en la política que sustituye al intercambio de argumentos.

La inabarcabilidad política

Desde Aristóteles hasta Rousseau, la idea de una sociedad bien gobernada estaba condicionada a un cierto tamaño que la hacía visible y abarcable, donde todos los ciudadanos debían conocerse y la sociedad tendría la inmediatez de la comunidad. Esta idea de conocimiento mutuo llega incluso hasta casi nuestros días: el historiador francés Michelet, a mediados del XIX, sentenciaba que la República no podía construirse si no se conocían unos a otros, lo que puso en marcha una campaña de encuesta y difusión en todo el país; y el presidente americano Roosevelt, tras la crisis de 1929, animó a reconstruir la sociedad a través del conocimiento mutuo, algo que también tuvo su reflejo en la literatura (*Las uvas de la ira*, de Steinbeck) y la fotografía de la época (Rosanvallon 2018, 45-48). No se trataba tanto de una medida cuantitativa o física como de inteligibilidad. El término «inabarcabilidad» (Habermas 1985) designa muy bien el hecho de que las sociedades actuales ya no satisfacen en absoluto ese criterio de cercanía y deben cumplir las condiciones de gobierno democrático en otros parámetros más complejos. Más que una cualidad de las cosas, la complejidad consiste en una relación entre quien observa y lo observado, de manera que se describe así una sobrecarga del observador, cuya capacidad de percepción y comprensión se encuentra desbordada. A medida que se incrementa la complejidad de un sistema, aumenta la cantidad de tiempo y recursos cognitivos que necesita el observador para describirlo adecuadamente (Rescher 1998, 16).

Desde el punto de vista de la ontología social, la inabarcabilidad se debe a que la pluralidad de lógicas presentes en una sociedad no es reconducible a una unidad social totalizante sin pérdida de la riqueza asociada a dicha pluralidad. Ya

Dewey señaló que en la política hay muchos espacios públicos, no uno simple y unificado, que se cruzan y solapan, muy difícilmente integrables en un espacio público singular y total (Dewey 1927). Schumpeter hablaba de la confusión de situaciones, contextos, influjos y actores en el proceso democrático (Schumpeter 1942). La diferenciación funcional de las sociedades modernas no es algo que solucione problemas sino más bien «un generador de problemas» (Nassehi 1999, 23; Schimank 2005, 148).

El principal de esos problemas es la pérdida de visibilidad social, la inteligibilidad de la sociedad. Si hay una crisis de la política es precisamente porque no consigue cumplir una de sus funciones básicas, a saber, hacer visible la sociedad, sus temas y discursos, así como la imputabilidad de las acciones, facilitar su inteligibilidad. Hay una función de la política que tiene que ver con la visibilidad de la sociedad en su conjunto, una cierta «representación del todo, sin serlo» (Nassehi 2009, 336). Y esto es lo que la política no consigue llevar a cabo como habíamos esperado de ella.

Una de las fuentes de ilegibilidad de la política es su inserción en ámbitos supranacionales que le hacen perder inteligibilidad; se difuminan los espacios delimitados de referencia y las interdependencias hacen que se difumine la competencia, el mérito y la responsabilidad. Factores exógenos explican mejor lo bueno y lo malo que nos pasa que las decisiones propias. El Estado nacional había sido entre otras cosas un marco de inteligibilidad de lo político y su implicación con otros actores globales implica que se debilitan también las categorías asociadas a él que organizaban nuestra percepción de la política. Pero cuando hay muchos niveles, interacciones, cambios de contexto, la observación se dificulta. La complicación de la política aumenta con el incremento de actores y sistemas, con intereses divergentes y los procesos de decisión difícilmente comprensibles.

Los asuntos de los que debe hacerse cargo la política resultan muy difíciles de traducir de modo que sean inteligibles para cualquiera. Hay temas que tienen una gran carga informativa, que remiten a otros y exigen decisiones complicadas, cuyas consecuencias apenas son divisables: el control de la economía financiera transnacional, el desconcierto provocado por las nuevas tecnologías, la innovación tecnológica o el carrusel mediático, procesos de decisión que implican a muchos actores, la identificación y gestión de los riesgos...

Los problemas de inteligibilidad no tienen que ver tanto con la dificultad objetiva de los temas como con la dificultad de su apropiación subjetiva. La inabarcabilidad no se debe sólo a falta de información, de capacidades cognitivas o al desinterés; la principal causa de esa sobrecarga y de que los ciudadanos se vean desbordados a la hora de observar, comprender y juzgar los acontecimientos de la vida política es la contingencia debida a la diversidad de perspectivas posibles de observación y a la contingencia de las decisiones políticas en un entorno semejante. Las instituciones que ejercían una mediación (partidos, iglesias, sindicatos, medios de comunicación) apenas desarrollan esta función simplificadora. El *demos* está sobrecargado, pero también las élites y los expertos. ¿Cómo ejercer entonces la función de control público? ¿Cómo atender a todo lo que es políticamente relevante para emitir un juicio coherente y racional sobre los asuntos públicos? A la vista de tales dificultades cabe concluir que es una ilusión pensar que el ser humano es capaz de entender el funcionamiento de las instituciones y de la sociedad en su conjunto (Willke 2002, 50).

Democracia como complicación

Los sistemas sociales pueden tratar de reducir la complejidad excluyéndola, ignorándola o combatiéndola, pero también pueden permitirla e incluso fomentarla. Este último aspecto es muy importante para la democracia, a la que cabe entender precisamente como el régimen que permite articular una mayor complejidad, en la medida en que no prohíbe nuevos temas, está abierto a cualquier cuestionamiento, estimula la controversia, aumenta el número de interlocutores, no excluye por principio la crítica, permite la configuración de alternativas. Por su propia naturaleza, la democracia es un generador de contingencia; politizar, democratizar, implica siempre complicar ciertas cosas que antes estaban decididas por la tradición, cuestionar la autoridad establecida, ampliar el campo de lo políticamente discutible, en suma, multiplicar las posibilidades.

En una sociedad democrática la opinión pública o los movimientos sociales tienden a politizar cada vez más temas, es decir, los sacan de su opacidad o de su incuestionada naturalidad y los convierten en objeto de la libre decisión colectiva. Esta exigencia incrementa la contingencia de lo político tanto desde un punto de vista cuantitativo como cualitativo: cada vez más asuntos son objeto de discusión pública y sobre los cuales se exige una decisión también pública. Esta «proliferación de nuevos asuntos» (Popkin 1991, 36) es la causa principal de una expansión de lo político que tiende a incluir en la agenda política nuevos asuntos como, por ejemplo, los referentes al cuerpo o la salud.

Este incremento de temas y opiniones implica cuestionar las líneas de demarcación que separan competencias, delimitan lo pertinente y protegen las zonas del poder. La ampliación de lo político se efectúa frente a la tradición como un destino, las estructuras de poder, los discursos hegemónicos y los monopolios de la interpretación. La opinión pública promueve la reflexión sobre lo implícito, desvela e induce a la crítica. Durkheim definía la democracia como la forma política de la reflexión (2015). La propia vitalidad de una democracia (donde hay muchas fuerzas interesadas en proteger al poder) desplaza hacia el espacio de lo político asuntos que eran originariamente considerados como no políticos. Cantidad de zonas que eran gestionadas por el Estado y los protagonistas de la ciencia y la técnica han sido abiertas al discurso democrático. La política es sobre alternativas, opciones, interpretaciones y perspectivas. Todas las posiciones, certezas, objetivos y decisiones están sometidas a una provisionalidad de principio y a la posibilidad de revisión. Esta revisabilidad puede estar institucionalizada (mediante la oposición parlamentaria, por ejemplo) o se ejerce desde fuera de las instituciones; en cualquier caso, implica una renuncia del sistema político a una relación privilegiada con la verdad (Kelsen 1920, 102). En una democracia no hay una tregua final en cuanto a la producción de posibilidades y alternativas. No hay indicadores rotundos que puedan confirmar una determinada política, por ejemplo; cualquier indicador puede venirse abajo por la irrupción de nuevos criterios de valoración.

La democracia tiene que ver con la contingencia de las cosas, que siempre podrían ser de otra manera. Ser conscientes de esta contingencia permite ver las circunstancias políticas como el producto de procesos históricos y no como un destino, resultados del hacer humano, configurables y modificables. Por eso no hay vida política sin concurrencia, competición o conflicto. Tocqueville hablaba de la «inquietud permanente» de la democracia (1835, 219) y Luhmann de una «irritación continua» (1987, 129). Esta circunstancia es lo que explica su apertura, indeterminación y discontinuidad. «La democracia es un sistema reguladamente abierto, una incertidumbre organizada» (Przeworsky 1991, 13).

La adquisición de competencia política

La nueva mayoría está hoy constituida por los que no entienden. La incompetencia de los representantes, como ya advirtió Durkheim (2015), suele ser un reflejo de la incompetencia de los ciudadanos. La teoría normativa de la democracia parece poco realista tanto si partimos del supuesto de una incompetencia generalizada como si damos por sentada una asimetría insuperable en cuanto a la capacitación política (Schneider 2000, 261). ¿Es posible adquirir una capacidad que permita a la ciudadanía ejercer las funciones que se esperan de ella en una democracia?

Está claro que la participación en el sistema político requiere cada vez más competencias. Si en una sociedad del conocimiento cualquier sistema tiene que operar sobre la base de conocimiento, esto vale también para el trabajo de observación y crítica que debe llevar a cabo la opinión pública y la ciudadanía en general. Partiendo de la idea de que no está muy claro qué tipo de competencia se requiere para entender y participar en la política, propongo agrupar las posibles soluciones en la formación del juicio individual, las estrategias de simplificación y el recurso a los expertos, antes de abordar las soluciones más democráticas que pasan por el fortalecimiento de la inteligencia colectiva.

¿Qué es lo que hay que saber en una democracia?

El nexo entre formación y competencia política no es evidente. ¿Qué clase de formación para qué tipo de política? ¿Cómo compatibilizamos la necesidad de hacer políticamente más competentes a los ciudadanos con el principio de que hay una competencia universal en relación con la política en una democracia? La democracia fue hecha para el pueblo, no al revés. ¿Quién tiene razón, el elitista Mill o el populista Rousseau? ¿Cómo se determina lo que el ciudadano medio debe saber acerca de los asuntos públicos?

La democracia presupone un saber accesible y compartido del que debe disponerse para participar en la deliberación y decisión públicas. Los ciudadanos no podemos ni debemos ser expertos, por supuesto, sino más bien «generalistas» (Carpini, Keeter 1996, 151), pero hay un umbral por debajo del cual seríamos incapaces de llevar a cabo un juicio cívico razonado (Galston 2001, 218). Se trata de tener una visión general de conjunto sobre lo político; no puede esperarse de nosotros mucho más, especialmente si tenemos en cuenta la escasez de tiempo, la finitud de nuestra atención, el saber precario o la complejidad de los asuntos. Pero me gustaría insistir en que la competencia política no es tanto un saber acerca de los *contenidos* de la política sino sobre la *lógica* de la política. Hay quien no entiende su lógica a pesar de que amontona mucho conocimiento de sus contenidos. La formación política no es tanto la acumulación de informaciones como la conciencia de la naturaleza contingente y compleja de la política. Lo principal que hay que haber aprendido es que el saber político es una opinión y no un saber apodíctico; que forman parte de él no sólo los hechos verificables sino también las interpretaciones, percepciones y convicciones de los diferentes grupos sociales, una pluralidad de narrativas, tradiciones y visiones del mundo. La competencia política es una capacidad de enfrentarse a esa diversidad de opiniones e intereses y hacerse una imagen coherente de la realidad.

La competencia tiene una significación que va más allá de lo cognitivo. Münkler se refiere a una capacidad para divisar el horizonte social colectivo de modo que no sólo se tengan en cuenta los propios intereses sino incluso la posibilidad de limitarlos o renunciar a ellos (1997, 157). Forman parte de esta capacidad la disposición a tratar los conflictos políticos de modo dialogado, la capacidad de compromiso, una cierta disposición a ser decepcionado o la sensibilidad para percibir las situaciones de desventaja o exclusión de otros. A lo que se podría añadir una cierta ironía respecto de las propias opiniones, en el sentido de Rorty (1989), conscientes de su carácter idiosincrático, contingentes y abiertas a la revisión. El ideal de un pensamiento libre y sin prejuicios sería aquel que «favorece a la persona que busca nueva información y experiencia, que está abierta a una comunicación plena y honesta, que puede tolerar varios tipos de incertidumbre e incluso ignorancia en el corto plazo con el fin de adquirir conocimiento y que no está a la defensiva en relación con sus creencias previas» (Smithson 1988, 152).

La capacitación política no es sólo una habilidad cognitiva sino que implica otras disposiciones de tipo emocional. La formación abre el acceso a los temas pero implica también un interés general por ellos, una motivación, una estimación propia como ciudadano y una actitud crítica frente a la manipulación. El saber y la formación tienen también un efecto motivacional; no sólo mejoran nuestra dotación cognitiva para la política sino también el interés por expresar nuestra opinión y participar. Esto podría decirse igualmente a la inversa: las emociones no son sólo afectos sino que tienen un valor cognitivo; sirven además para categorizar el mundo y reducir la complejidad de lo político (Nussbaum 2013, 18). Lo que podría formularse también con una lógica de «economía» política: «la información afectiva puede sustituir a formas de información cognitivamente más caras» (Rahn 2000, 1309). Una capacidad de identificación emocional con ciertos problemas políticos —la sensibilidad hacia el cuidado del medioambiente o la empatía con la injusticia, por ejemplo— nos ahorran una información prolija. De alguna manera, gracias a los afectos ya sabemos lo principal que hay que saber.

En cualquier caso, aunque la educación específica mejore el conocimiento político, conviene no esperar demasiado de ella y tomar en consideración sus posibles efectos perversos. Algunos estudios ponen de manifiesto que el incremento de la educación no aumenta la comprensión que la ciudadanía tiene de la política (Smith 1989, 219). Si la democratización de los asuntos tiene como efecto un aumento de la incertidumbre, tampoco los más formados cumplen las expectativas de disolución de la incertidumbre por medio del conocimiento. Basta con mencionar los innumerables errores de los expertos, que tienen enormes ventajas a la hora de enfrentarse a la complejidad, pero no están a salvo de equivocarse. El saber y la formación no son una garantía de que vayan a adoptarse las decisiones correctas.

Conviene no perder de vista el hecho de que la formación y el saber experto tienen sus propios riesgos, precisamente aquellos que proceden de su propia seguridad. En ocasiones, disponer de mucho conocimiento le hace a uno más proclive a ciertos riesgos de especialista, como la pérdida de visión de conjunto o la autosuficiencia (Petty, Cacioppo 1986, 78; Wehling 2016, 51). La comprensión de la política no depende necesariamente del grupo social y nivel de formación que se tenga. La desafección política se encuentra también entre los más formados (Kepplinger 1998, 29). Hay incluso una equivalencia perversa que debería inquietarnos entre conocimiento y sectarismo. Los votantes muy informados suelen estar más ideologizados, mientras que quienes tienen una menor información están más libres de prejuicios partidistas y pueden ser más flexibles y objetivos. Esa minoría de ciudadanos que prestan más atención a los asuntos públicos no suelen ser más críticos: por lo general son más partidistas (Zaller 1992, 311).

Dadas las condiciones del mundo actual y su complejidad, todos tenemos la experiencia de ser en la práctica unos inexpertos y de que en última instancia tomamos las decisiones sin la suficiente preparación. «El problema no es que el público sepa demasiado poco, sino que nadie sabe lo suficiente» (Sniderman, Brody, Tetlock 1991, 71).

Información y conocimiento político

La complejidad es una asimetría en materia de información en virtud de la cual puede haber muy poca información o demasiada. La inabarcabilidad de la que estoy hablando tiene más bien que ver con la complejidad producida por la información misma, a causa de su exceso. A la complejidad cuantitativa se la combate con selectividad; a la cualitativa, con saber.

La democracia parte de la idea de que el sujeto que la constituye es el ciudadano informado que participa racionalmente en la vida política, capaz de emitir juicios y realizar aportaciones a los procesos políticos, desde la simple participación electoral hasta el compromiso político expreso. Hemos pensado generalmente que esta capacidad requería un cierto nivel de información y hemos atendido muy poco a la posibilidad de que lo que estuviera impidiendo la plenitud de esa vida política fuera, por el contrario, el exceso de información. Podemos decir sin exageración que aquella «democracia plenamente informada» de la que hablaba Downs (1957), más que un objetivo deseable, es una verdadera amenaza. Cuanta más información se libera, más inabarcable nos resulta el mundo; la producción de información, que es un presupuesto de la democracia, la bloquea cuando se convierte en inabarcabilidad.

Lo que hoy tenemos es más bien una proliferación de datos e informaciones, *spam* político, publicidad omnipresente, solicitaciones de atención, opiniones múltiples, comunicación en todas las direcciones, ruido. El ciudadano corriente vive hoy la política como un exceso de ruido que no le orienta pero sirve para irritarle, que Gehlen calificaba como sobre-excitación (1978, 36), una especie de calentamiento global de la ciudadanía. La mera cantidad de datos y opiniones son de muy difícil elaboración. A partir de un determinado umbral el aumento de información no contribuye al conocimiento sino que resulta inabarcable. «La profusión alimenta la confusión» (Keane 2009, 746). No es posible una visión general de las cosas y aparecen fenómenos como la desorientación o la pérdida del sentido de la realidad.

Podríamos comenzar constatando a este respecto una peculiar *economía de la información*. «La información política es a la política lo que el dinero a la economía: es la moneda de la ciudadanía» (Carpini / Keeter 1996, 8). Esta moneda parece estar expuesta a una especie de inflación que desvaloriza la información circulante y complica así la comprensión de la política (Münch 1995,

36). Berardi habla de una «semio-inflacción» (2012, 41) y Postmann de que se han roto los diques de contención frente al desbordamiento informativo y ha dejado de funcionar nuestro sistema inmunológico frente a la información (1992, 62). Hace años que Schelsky advirtió del peligro de despolitizar y desdemocratizar al ciudadano a través del exceso de información (1961, 459) y Morozov se plantea actualmente si el concepto de democracia que tenemos sólo valía para un tiempo en el que la información era escasa (2011,75).

A la economía de la información le corresponde una cierta *economía de la atención,* teniendo en cuenta cuáles son las condiciones actuales de la observación política: escasez de tiempo y atención, aceleración de los procesos, sobrecarga informativa, extrañeza de los asuntos, saber precario. Las informaciones circulan de una manera más bien desordenada; en internet hay información anticuada e incluso falsa, pero también cosas más banales que funcionan como interrupciones de la información o focalización en detalles irrelevantes. La agresividad con que se solicita nuestra atención tiene el efecto contraproducente de la interrupción continua, desconcentración y saturación que provocan finalmente desinterés. El cambio continuo de los temas, su rápida desvalorización, dificulta la organización reflexiva de las nuevas informaciones en una imagen omniabarcante y coherente de lo político. Es muy difícil mantener una visión general y equilibrada sobre todo ello, una cierta memoria política, de manera que pueda proporcionar orden y coherencia a esta disparatada sucesión de datos y opiniones que ejerce una potencia sobre nuestra atención que no necesariamente se corresponde con su verdadero valor informativo. Somos demasiado lentos para la política; la aceleración de los procesos resuelve tan poco este problema como la agitación de los actores.

Las infraestructuras informativas de la sociedad, la debilidad de las antiguas y la naturaleza de las nuevas, contribuyen muy poco a facilitarnos esa tarea de combatir el exceso informativo. Si comenzamos por los medios tradicionales, lo primero que comprobamos es que han perdido su función de *gate keepers* y han sido en buena medida sustituidos por los buscadores, los agregadores y los algoritmos. Esa función de filtro, mejor o peor ejercida por los medios clásicos, implicaba una cierta introducción de criterios de relevancia, lo que significa también reducción de la complejidad, y su crisis equivale a la crisis de nuestra capacidad de digerir la explosión informativa. Es cierto que el despliegue de las nuevas tecnologías de la información y la comunicación tiene un efecto democratizador en la medida en que permiten la observación pública continua, cuestionan la marginalización y la exclusión e incrementan la accesibilidad del conocimiento, pero por otro lado agudizan la desesperación del que está excesivamente informado (Luhmann 1995, 80), la «desinformada sociedad de la información» (Lash 2002, 76). Hoy son los buscadores y los algoritmos los que deciden qué debemos saber, pero detrás de estas tecnologías hay criterios comerciales e intereses privados que no terminan de construir un espacio de fiabilidad y confianza.

El combate contra el exceso de información tiene una dimensión cuantitativa y otra cualitativa. La *reducción cualitativa de la complejidad* tiene que ver con una adecuada gestión de la atención, mejor dicho, de la desatención. No prestar atención a todo, interrumpir las deliberaciones, economizar la información tienen un curioso efecto de mejorar nuestro empoderamiento político, en la medida en que únicamente así somos capaces de gestionar la proliferación de informaciones. Aquí tendríamos un límite fáctico de las teorías deliberativas de la democracia, que por su propia naturaleza apuntan a un horizonte ilimitado de comunicación y no prevén una justificación para efectuar en algún momento una cierta interrupción de los procesos. El propio Habermas ha reconocido que hay una «sobrecarga cognitiva» en la democracia deliberativa, poco compleja a la hora de elaborar el saber disponible (1992, 389). Los que deciden con más información no son necesariamente quienes mejor deciden (Kahneman 2003, 1469). Más aún: algunos autores aseguran que bajo determinadas condiciones pueden beneficiarse de una información escasa y decidir mejor (Gigerenzer / Goldstein 1996, 652). Hay una «economía del informarse» (Downs 1957), que hace muy razonable tener un trato selectivo con los datos, superficial podríamos decir, una suerte de «tacañería cognitiva» (Wirth / Matthes 2006). «No nos podemos permitir atender a toda la información simplemente porque exista» (Simon 1978, 456). Es posible ser sólo «moderadamente» racional, ejercer una racionalidad limitada e incompleta, que no significa una renuncia a la racionalidad como tal. «Si la racionalidad sólo fuera posible a la luz de la información completa, se convertiría en algo totalmente irrelevante para nosotros» (Rescher 1998, 170). Una gestión adecuada de la atención exige dominar «el difícil arte de rechazar la información» (Osten 2004, 49), cultivar una «ignorancia selectiva» (Lupia / McCubbins 1998), practicar el arte del olvido intencional (Brosius 1995, 237). «La competencia requiere muy poca información» (Lupia / McCubbins / Popkin 2000, 47) o, si se prefiere formular así, una «racionalidad de baja información» (Popkin 1991, 7), que estaría en la base de ese elector que, como sostiene Sartori (1987), es un simplificador y así debe continuar siéndolo, ya que se debe enfrentar a la complejidad y contingencia de lo político.

Pero nuestro gran desafío es la *reducción cualitativa de la complejidad,* la transformación de los datos en información y conocimiento (Innerarity 2011). La producción de información es un proceso aditivo y no narrativo, que ni instruye ni orienta. Sin una elaboración interpretativa las informaciones dejan de tener relevancia a la hora de resolver los problemas y guiar la acción. La profusión de rankings, indicadores y mediciones de lo social corresponde a esta necesidad, que sólo satisfacen en su dimensión cuantitativa, siendo una respuesta insuficiente a la búsqueda del sentido político de lo que medimos. Probablemente a esta incapacidad de articulación con sentido se deban nuestras dificultades a la hora de distinguir entre lo importante y lo que no lo es, las grandes distracciones colectivas en las que se agota muchas veces la vida política. La competencia política que se requiere de cada uno de nosotros en una democracia sólo puede ser el resultado de una «interpretación del murmullo» (Baecker 2005, 76) en el que estamos sumergidos a causa de la diversidad de intereses y opiniones en competencia.

Estrategias de simplificación

Las dificultades de hacerse cargo de la complejidad de lo político nos aconsejan ser indulgentes con aquellas formas de simplificación a las que recurrimos aunque no representan más que una solución pasajera e insuficiente. Propongo de entrada no ser demasiado severos con la «deriva simplificadora» (Riedl 2000, 340), siempre y cuando no perdamos de vista que se trata de nada más que de eso: el arte de salir del paso frente al problema planteado por los problemas complejos. Esta benevolencia hacia las simplificaciones no implica una justificación pragmática de la huida o el rechazo ante la complejidad, que no es patrimonio exclusivo de nadie sino una maniobra política a la que recurren casi todos, tanto los populistas confesos como quienes creen que no lo son.

Hay ocasiones en las que el recurso a los procedimientos llamados heurísticos es una buena solución, aunque no sea óptima. Se hace referencia con este término a cualquier aproximación a un problema mediante un método que no siendo perfecto permite alcanzar buena parte de la solución que se pretendía. «Sabemos que el razonamiento humano, producto de la racionalidad limitada, puede caracterizarse como una búsqueda selectiva a través del enorme espacio de las posibilidades. La selectividad de la búsqueda —de ahí su viabilidad— se obtiene aplicando reglas generales o heurísticas, para determinar qué senderos pueden trazarse y cuáles puede uno ignorar. La búsqueda se detiene cuando se ha encontrado una solución satisfactoria, casi siempre mucho antes de haber examinado todas las alternativas» (Simon / Egidi / Marris / Viale 1992, 4). Mediante la esquematización o el recurso a los estereotipos sustituimos una costosa información por una ponderación suficiente de las principales posibilidades: «la heurística es un atajo a la hora de juzgar, un modo de organizar y simplificar las opciones políticas, eficiente en el doble sentido de exigir relativamente poca información, pero dando respuestas fiables incluso a problemas complejos de elección [...]. En la medida en que puede ponerse en juego, la gente puede estar competente en su razonamiento acerca de opciones políticas sin necesidad de poseer un gran cuerpo de conocimiento acerca de la política» (Sniderman / Brody / Tetlock 1991, 19).

Son procedimientos que permiten aclararse, nombrar las cosas y hacer inteligibles incluso situaciones de elevada complejidad. Echar mano de tales simplificaciones políticas significa instalarse en una provisionalidad revisable y resistir esa pulsión de plena consistencia que sería una sobrecarga psicológica y nos pondría en un proceso sin fin. De este modo permite, entre otras cosas, superar la posible parálisis de la decisión. Nos instalan en un nivel satisfactorio, no óptimo, de información, racionalidad e inteligibilidad.

¿A qué tipo de estrategias de simplificación me refiero? La principal es mover el foco de los contenidos hacia quienes deciden, de los temas a los símbolos y las escenificaciones, de la dimensión cognitiva de los problemas a su dimensión moral. Cuando las cosas se complican, la fijación en las personas permite reducir la complejidad porque es más fácil hacerse un juicio sobre las personas que sobre los asuntos (Keplinger 1998, 180). Otra gran simplificación que suele acompañar a la personalización de los asuntos es la moralización de los problemas. La asignación de culpabilidad, la indignación o las llamadas a la ejemplaridad personal sustituyen al conocimiento. La crítica social se resuelve con una condena a las personas y se deja de lado la impugnación de las estructuras dominantes. El escándalo limitado al comportamiento de unos pocos despolitiza el juicio acerca de la sociedad en la que vivimos.

Son estos esquematismos casi inevitables los que explican el hecho de que los electores no elijan de acuerdo con los programas sino con la personalidad del candidato, que con tanta facilidad nos dejamos llevar por estereotipos, prejuicios, categorizaciones, confianzas, selecciones, reconduciendo así algo complejo al espacio de lo que nos resulta familiar. Y este comportamiento elemental determina la fijación en los atributos personales, no políticos, de los políticos, la opción en principio por el partido de referencia, el mantenimiento de la propia posición, las categorizaciones binarias clásicas (como la clásica de derecha/izquierda o la más reciente élite/pueblo), esquematizarlo todo en un antagonismo, la confianza en los expertos o la adaptación del propio comportamiento a lo que dicen las encuestas.

Podemos lamentar las limitaciones que imponen el *framing* dominante, los algoritmos de búsqueda con sus intereses comerciales, la autoridad de los *gate keepers*, pero en una sociedad compleja todos ellos son inevitables. Podemos y debemos someterlos a una revisión democrática, pero no creo posible que la competencia política popular se consiga sin algún género de simplificación. En cualquier caso no deberíamos perder de vista el hecho de que estos juicios heurísticos, como ha mostrado insistentemente la investigación neurológica, tienen muchos sesgos e interpretan el mundo de un modo conservador, privilegiando la información disponible: «el sistema tiende a ver lo que espera ver» (Kahneman 2003, 1454; Luhmann 1968, 23). Esta selección pragmática favorece los estereotipos establecidos y requiere poco esfuerzo cognitivo. El recurso a los clásicos esquemas ideológicos disminuye la capacidad de articular una mayor complejidad y, por tanto, no resuelve en última instancia los problemas que esta ocasiona. Las simplificaciones son útiles y necesarias, pero son poco adecuadas para los problemas de gran complejidad.

La delegación en los expertos

Otro posible remedio a nuestra desorientación política es la delegación, la representación y el recurso a los expertos. La delegación tiene el efecto de que compensa nuestra falta de una experiencia directa y la dificultad de forjar un saber personal acerca de muchos asuntos. Cuando hay comunicación con asimetría cognitiva se requiere confianza (Peters 1994, 60). El ciudadano competente es alguien cuya competencia consiste en estar bien informado y que busca esa información en testigos, analistas, comentadores, expertos… Compensa su déficit de saber observando a tales observadores, es decir, identificando y consultando a quienes cree más competentes que él (Schütz 1946, 123), sean personas u organizaciones. En muchas ocasiones no es tanto un abandono ciego en la autoridad de otros cuanto un procedimiento para confirmar sus pre-juicios, para construir la confianza en uno mismo: «la gente triangula y valida sus opiniones en conversación con la gente en la que confía» (Popkin 1991, 7).

En un mundo complejo e indirecto, de segunda mano, no hay más remedio que pasar a una complejidad de segundo orden (el recurso a los profesionales de la observación, Luhmann 1997, 1098), lo que significa adherirse a la reducción de la complejidad que otros llevan a cabo. Gehlen hablaba de una experiencia de segunda mano que interviene como instancia intermedia entre el ámbito limitado de la propia experiencia y los inabarcables espacios del mundo social, político y económico (1957, 49).

Pero conviene no olvidar que esta delegación está llena de paradojas. «El ser humano es el animal que quiere hacerlo todo él mismo, pero que para poderlo hacer tiene que delegar todo lo que sea posible —para lamentar luego que ya no puede hacerlo por sí mismo—» (Blumenberg 2006, 508). La delegación, por su propia naturaleza, no es un procedimiento irreversible, no cancela definitivamente esa autoridad *propia* que sustenta la legitimidad democrática, y por eso nunca deja de resultar decepcionante.

De entrada, no parece que los expertos tengan tanta autoridad cuando sus opiniones no coinciden ni concluyen en un saber incontestable. Es muy difícil confiar ciegamente en el saber científico experto cuando hay una peculiar «cacofonía de los expertos» (Rescher 1998, 185) y cada informe tiene el correspondiente contrainforme (Grunwald 2003, 206). Con la dispersión de las opiniones tenemos un factor de democratización pero también un problema creciente de credibilidad. En la opinión pública no sólo compite la opinión de los expertos con la de quienes no lo son, sino que los mismos expertos están en desacuerdo.

Y es que en la técnica y en las ciencias naturales hay mucho margen para la interpretación, diferentes escuelas o ciertas preferencias, y menos neutralidad y desinterés de lo que se supone. El saber experto puede ser un «recurso persuasivo» instrumentalizado para imponer determinados intereses (Peters 1994, 162). El recurso al saber experto no siempre produce los resultados esperados; no proporciona necesariamente más saber, más claridad y una mejor visión de conjunto. De alguna manera, lo que hace el sistema científico es aumentar la complejidad del entorno en el que actúan los sistemas políticos produciendo más imponderabilidad y contingencia.

Por consiguiente, tampoco los expertos están libres de toda perplejidad, de lo que fue una buena muestra el desprestigio de la ciencia económica cuando fue incapaz de interpretar las primeras alarmas y de interpretar lo ocurrido con ocasión de la crisis económica. La idea de una ciencia y una técnica como instancias neutrales está en buena medida desacreditada, dado que sus innovaciones tienen efectos que obligan a determinadas intervenciones políticas, a veces en medio de escándalos y catástrofes. Si muchas veces la política recurre a la ciencia en busca de ayuda, no son pocas las ocasiones en las que la política viene a remediar errores científicos y tecnológicos (Innerarity 2013).

Todo esto tiene un inesperado efecto democratizador: las élites del conocimiento no disponen de una perspectiva privilegiada en relación con lo socialmente desconocido (Beck 1986, 274). La ignorancia tiene de este modo un efecto nivelador; la inabarcabilidad, por así decirlo, democratiza. En relación con determinados problemas especialmente complejos y la incertidumbre general, las élites están igualmente expuestas que los legos; la esperanza en unas élites que vayan a resolver nuestros problemas es un verdadero anacronismo. Incluso el ciudadano mejor informado y mejor formado está superado por la complejidad de los problemas decisivos.

De este modo podemos concluir que, si bien la delegación y la representación nos descargan de tener que ocuparnos de cada tema y con todo detalle o con un nivel de pericia del que no disponemos, desde el punto de vista normativo no nos exoneran de la función de observación y control. La representación y la delegación no resuelven más que a medias el problema planteado por la complejidad de las democracias contemporáneas, ya que la democracia —incluso en el minimalismo que la reduce a una mera selección de dirigentes (Schumpeter 1942)— presupone la capacidad de valorar a fin de cuentas el modo como éstos lo hacen. El sistema político en una democracia no tiene más remedio que observar y controlar críticamente a sus asesores. La democracia vuelve a reaparecer como la solución a los problemas que ella misma plantea.

Soluciones democráticas para hacer inteligible la política

Cuando comenzaron a universalizarse los derechos democráticos, los más conservadores se inquietaron por la posible incapacidad de los nuevos ciudadanos incorporados al grupo de quienes opinan y deciden, es decir, a quienes se supone en plena disposición de juicio político. Stuart Mill hablaba de privilegiar el derecho al voto del ciudadano competente (al que exigía saber hablar, escribir y contar) y formuló una responsabilidad pedagógica de las instituciones para mejorar esa competencia (1861, 152). Hasta los años sesenta del siglo pasado, en Estados Unidos había unos «*literacy tests*» para permitir votar (especialmente a los negros) (Schudson 1998, 182). Este prejuicio atenta contra los derechos humanos y contradice los principios democráticos, pero quisiera llamar la atención sobre un error más elemental: considerar que la competencia o incompetencia política es un asunto individual.

El error del elitismo no es tanto que menosprecie a la gente menos formada sino que considere la competencia política como una propiedad de los individuos y que la sabiduría de los sistemas políticos sería el resultado de la agregación de propiedades individuales. El valor de la democracia no se entiende bien cuando la atención está fijada sobre las propiedades de los individuos que en ella intervienen (y tampoco se acierta entonces a proponer las mejores soluciones). Me refiero a todas aquellas concepciones de la democracia que, a la vista de la complejidad de las decisiones, entienden la democracia como una «aristocracia peculiar» (Hardin 2004, 98) o a quienes celebran la diversidad cognitiva (individual) y la deliberación como la fuente de las mejores decisiones (Landemore 2013). Ambas concepciones se centran excesivamente en las propiedades individuales y desconsideran el aspecto institucional y procedimental de la democracia. A mi juicio, dado que las capacidades individuales están sobrecargadas frente a la complejidad y como la ignorancia individual es insalvable, no hay otra solución que fortalecer los componentes institucionales y organizativos de la inteligencia colectiva.

Hay quien dice que el talón de Aquiles de la democracia no son las instituciones o los políticos sino los ciudadanos (Detjen 2005, 293). En mi opinión, siendo graves nuestras deficiencias individuales (de gobernantes o gobernados que se echan mutuamente la culpa), el principal problema que tenemos que abordar es la incapacidad del sistema político a la hora de abordar la creciente complejidad del mundo y hacerlo políticamente inteligible. La falta de competencia política no es un fallo individual, razón por la que no debemos esperar demasiado de la capacitación personal de los votantes ni la buena política se resuelve con la ejemplaridad de quienes nos representan. Las soluciones han de ser institucionales y procedimentales; lo que hay que mejorar es la capacidad del sistema político para actuar inteligentemente, el aprendizaje colectivo (que incluye, por supuesto, capacitación cognitiva, emocional y moral en los individuos, sin que la resultante global sea reducible a la mejora de las propiedades individuales).

Para aumentar la competencia de la ciudadanía en relación con la creciente complejidad no se trata tanto de fortalecer las capacidades individuales como aquellos aspectos de la organización social que incrementan sus capacidades cooperativas. En este caso, la solución al problema que nos ocupa no sería menos democracia (recurso a los expertos, aumentar la delegación de confianza o renunciar al control popular) sino más democracia, en el sentido de una mejor interacción y un ejercicio compartido de las facultades políticas. La complejidad no sería entonces un argumento a favor de la desdemocratización sino que actuaría como incentivo para intensificar las prácticas que nos permiten combatir colectivamente a la incertidumbre.

Hemos de aumentar las competencias políticas, desde el punto de vista individual mediante la formación política (Heater 1990, 336), pero especialmente las capacidades colectivas, a través de la cooperación y mediante sistemas de gobierno inteligentes. La reducción de la complejidad a través de la formación individual es insuficiente. El individuo por sí mismo no es capaz de resolver el problema de la inabarcabilidad. La política es una acción social y sus problemas no tienen más que soluciones colectivas. La competencia de que estamos hablando, en última instancia, es una propiedad compartida. La producción de conocimiento y la adquisición de competencias se realizan con toda su amplitud en contextos sociales. La sociabilidad compensa las carencias individuales y permite la puesta en marcha de procesos de aprendizaje colectivo; puede corregir todas esas carencias individuales que proceden de nuestra limitación individual de tiempo, atención, experiencia personal; permite elaborar colectivamente la información, articular la división del trabajo y la inteligencia distribuida. Todas las propuestas de democracia participativa o deliberativa se basan en este presupuesto de entender la democracia como «reflexión cooperativa» (Honneth 1994, 41), donde la identificación y defensa de los propios intereses se lleva a cabo discursivamente en un espacio público común igualitario e incluyente.

La complejidad de las sociedades modernas no nos condena necesariamente a una pérdida de sustancia de la democracia en la medida en que puede ser entendida como una invitación a realizar experiencias de aprendizaje cooperativo que beneficien tanto a los actores como a lo que tenemos en común. En este sentido cabría decir que no es tanto que la democracia requiera competencia política como que la competencia política requiere democracia; la adquisición de esas propiedades, cognitivas y cívicas, no es plenamente realizable más que en el contexto de una experiencia de vida democrática común.

Bibliografía

Baecker, Dirk (2005), *Kommunikation*, Reclam, Leipzig.

Beck, Ulrich (1986), *Risikogesellschaft. Auf dem Weg in eine ander Moderne*, Suhrkamp, Frankfurt.

Berardi, Franco (2012), *Der Aufstand. Über Poesie und Finanzwitschaft*, Matthes & Seitz, Berlín.

Blumenberg, Hans (2006), *Beschreibung des Menschen*, Suhrkamp, Berlín.

Brosius, Hans-Bernd (1995), *Alltagsrationalität in der Nachrichtenrezeption. Ein Modell zur Wahrnehmung und Verarbeitung*, VS Verlag für Sozialwissenschaften, Opladen.

Buchstein, Hubertus (1996), «Die Zumutungen der Demokratie. Von der normativen Theorie des Bürgers zur institutionell vermittelten Präferenzkompetenz», en Beyme, Klaus; Offe, Claus (eds.), *Politische Theorien in der Ära der Transformation*, VS Verlag für Sozialwissenschaften, Opladen, págs. 295-324.

Delli Carpini, Michael ; Keeter, Scott (1996), *What Americans Know About Politics and Why It Matters*, Yale University Press, New Haven.

Detjen, Jochen (2005), «Von der Notwendigkeit kognitiver Anstrengungen beim Demokratielernen», en Himmelmann, Gerhard; Lange, Dirk (eds), *Demokratiekompetenz. Beiträge aus Politikwissenschaft, Pädagogik und politischer Bildung*, VS Verlag für Sozialwissenschaften, Wiesbaden, págs. 286-298.

Dewey, John (1927), *The Public and its Problems*, Holt, Nueva York.

Downs, Anthony (1957), *An Economic Theory of Democracy*, Harper & Bros, Nueva York.

Durkheim, Émile [1896] (2015), *Leçons de sociologie*, PUF, París.

Galston, William (2001), «Political Knowledge, Political Engagement, and Civic Education», en *Annual Review of Political Science*, n° 4, págs. 217-134.

Gehlen, Arnold (1978), *Der Mensch. Seine Natur und seine Stellung in der Welt*, Athenaion, Wiesbaden.

— (1957), *Die Seele im technischen Zeitalter. Sozialpsycologische Probleme in der industriellen Gesellschaft*, Rowohlt, Hamburgo.

Gigerenzer, Gerd; Goldstein, Daniel (1996), «Reasoning the Fast and the Frugal Way: Models of Bounded Rationality», en *Psycological Review*, n° 103-4, págs. 650-669.

Grunwald, Armin (2003), «Zukunftstechnologien und Demokratie. Zur Rolle der Technikfolgenabsätzung für demokratische Technikgestaltung», en Mensch, Kristen; Schmidt, Jan (ed.), *Technik und Demokratie. Zwischen Expertokratie, Parlament und Bürgerbeteiligung*, VS Verlag für Sozialwissenschaften, Opladen, págs. 197-211.

Habermas, Jürgen (1985), *Die neue Unübersichtlichkeit*, Suhrkamp, Frankfurt.

—(1992b), *Faktizität und Geltung. Beiträge zur Diskurtheorie des Rechts und demokratischen Rechtstaats*, Suhrkamp, Frankfurt.

Hardin, Russell (2004), «Representing ignorance», *Social Philosophy and Policy*, n° 21 (1), págs. 76-99.

Heater, Derek (1990), *Citizenship: The Civic Ideal in World History, Politics and Education*, Longman, Londres, Nueva York.

Honneth, Axel (1994), «Demokratie als reflexive Kooperation. John Dewey und die Demokratietheorie der Gegenwart», en Brunkhorst, Hauke; Niesen, Peter (ed.), *Das Recht der Republik*, Suhrkamp, Frankfurt, págs. 37-65.

Innerarity, Daniel (2011), *La democracia del conocimiento*, Paidós, Barcelona (*The Democracy of Knowledge*, Continuum, Nueva York, 2013).

— (2013), *Un mundo de todos y de nadie: piratas, riesgos y redes en el nuevo desorden global*, Paidós, Barcelona, 2013 (*Governance in the New Global Disorder. Politics for a Post-Sovereign Society*, Columbia University Press, 2016).

Kahneman, Daniel (2003), «Maps of Bounded Rationality: Psychology for Behavioral Economics», en *The American Economic Review*, diciembre, págs. 1449-1475.

Keane, John (2009), *The Life and Death of Democracy*, Simon and Schuster, Londres.

Kelsen, Hans (1920), *Vom Wesen und Wert der Demokratie*, Mohr, Tubingia.

Keplinger, Hans Mathias (1998), *Die Demontage der Politik in der Informationsgesellschaft*, Alber, Freiburg.

Landemore, Helene (2013), *Democratic Reason: Politics, Collective Intelligence, and the Rule of the Many*, Princeton University Press.

Lash, Scott (2002), *Critique of Information*, Thousand Oaks, Londres.

Lippmann, Walter (1993), *The Phantom Public*, Transaction Publishers, New Brunswick.

Luhmann, Niklas (1968), *Zweckbegriff und Systemrationalität*, Suhrkamp, Frankfurt.

— (1987), *Soziologische Aufklärung 4, Beiträge zur funktionalen Differenzierung der Gesellschaft*, VS Verlag für Sozialwissenschaften, Opladen.

— (1995), *Soziologische Aufklärung 5, Beiträge zur funktionalen Differenzierung der Gesellschaft*, VS Verlag für Sozialwissenschaften, Opladen.

— (1997), *Die Gesellschaft der Gesellschaft*, Suhrkamp, Frankfurt.

Lupia, Arthur; McCubbins, Mathew (1998), *The Democratic Dilemma: Can Citizens Learn What They Need to Know*, Cambridge University Press.
— (2000), «The Institutional Foundations of Political Competence. How Citizens Learn What They Learn to Know», en Lupia, Arthur; McCubbins, Mathew; Popkin, Samuel (ed.), *Elements of Reason. Cognition, Choice, and the Bounds of Rationality*, Cambridge University Press, págs. 47-66.
Morozov, Evgeny (2011), *The Net Delusion: The Dark Side of Internet Freedom,* Public Affairs, Nueva York.
Münch, Richard (1995), *Dynamik der Kommunikationsgesellschaft*, Suhrkamp, Frankfurt.
Münkler, Herfried (1997), «The kompetente Bürger», en Klein, Ansgar; Schmalz-Bruns, Rainer (ed.), *Politische Beteiligung und Bürgerengagement in Deutschland. Möglichkeiten und Grenzen*, Nomos, Baden-Baden, págs. 153-172.
Nassehi, Armin (1999), *Differenzierungsfolgen: Beiträge zur Soziologie der Moderne*, VS Verlag für Sozialwissenschaften, Opladen.

— (2009), *Die soziologische Diskurs der Moderne*, Suhrkamp, Frankfurt.

Nussbaum, Martha (2013), *Political Emotions. Why love matters for justice*, Harvard University Press, Cambridge, Ma.

Osten, Manfred (2004), *Das geraubte Gedächtnis. Digitale Systeme und die Zerstörung der Erinnerungskultur*, Insel, Frankfurt; Leipzig.

Peters, Hans Peter (1994), «Wissenschaftliche Experten in der öffentlichen Kommunikation über Technik, Unwelt und Risiken», en Neihardt, Friedhelm (ed.), Öffentlichkeit, öffentliche Meinun, sociale Bewegungen, Kölner Zeitschrift für Soziologie und Sozialpsychologie, n° 34, págs. 162-190.

Petty, Richard; Cacioppo, John (1986), *Communication and Persuasion. Central and Peripheral Routes to Attitude Change*, Springer, Nueva York.

Popkin, Samuel (1991), *The Reasoning Voter: Communication and Persuasion in Presidential Campaigns*, University of Chicago Press, Chicago.

Postmann, Neil (1992), «Wir informieren uns zu Tode», en *Die Zeit*, n° 41, 2 de octubre de 1992.

Przeworsky, Adam (1991), *Democracy and the Market. Political and Economic Reforms in Eastern Europe and Latin America*, Cambridge University Press.

Rahn, Wendy (2000), «Affect as Information: The Role of Public Mood in Political Reasoning», en Lupia, Arthur; McCubbins, Mathew; Popkin, Samual (ed.), *Elements of Reason. Cognition, Choice, and the Bounds of Rationality*, Cambridge University Press, págs. 130-150.

Rescher, Nicholas (1998), *Complexity: A Philosophical Overview*, New Brunswick, Londres.

Riedl, Rupert (2000), *Strukturen der Komplexität: Eine Morphologie des Erkennens und Erklärens*, Springer, Heidelberg.

Rorty, Richard (1989), *Contingency, irony, and solidarity*, Cambridge University Press.

Rosanvallon, Pierre (2018), *Refonder la démocratie pour le bien public*, Privat, Toulouse.

Sartori, Giovanni (1987), *The Theory of Democracy revisited*, Chatham House, Nueva Jersey.

Schelsky, Helmut (1961), *Der Mensch in der wissenschaftlichen Zivilisation*, VS Verlag für Sozialwissenschaften, Opladen.

Schimank, Uwe (2005), *Die Entscheidungsgesellschaft. Komplexität und Rationalität der Moderne*, VS Verlag für Sozialwissenschaften, Wiesbaden.

Schneider, Sven-Uwe (2000), *Homo democraticus. Demokratische Tugenden in der Ideengeschichte*, VS Verlag für Sozialwissenschaften, Opladen.

Schudson, Michael (1998), *The Good Citizen. A History of American Civil Life*, The Free Press, Nueva York..

Schumpeter, Joseph A. (1942), *Capitalism, Socialism, and Democracy*, Harper & Brothers, Nueva York.

Schütz, Alfred (1946), «The Well-Informed Citizen. An Essay on the Social Distribution of Knowledge», en *Collected Papers II: Studies in Social Theory*, Nijhoff, Den Haag.

Simon, Herbert (1978), *Behavioral Economics and Business Organization*, MIT Press, Cambridge, Ma.

Simon, Herbert; Egidi, Massimo; Marris, Robin; Viale, Riccardo (1992), Economics, *Bounded Rationality and the Cognitive Revolution*, Ashgate, Aldershot.

Smith, Eric (1989), *The Unchanging American Voter*, University of California Press, Berkeley.

Smithson, Michael (1988), *Ignorance and Uncertainty. Emerging Paradigms*, Springer, Nueva York.

Sniderman, Paul; Brody, Richard; Tetlock, Philip (1991), *Reasoning and Choice. Explorations in Political Psychology*, Cambridge University Press.

Stuart Mill, John (1861), *Considerations on representative government*, Parker, Londres.

Tocqueville, Alexis de (1835), *De la démocratie en Amérique, II, 3*, ed. Michael Lévy, Libraires éditeurs, París.

Wehling, Elisabeth (2016), *Politisches Framing. Wie eine Nation sich das Denken einredet – und daraus Politik macht*, Halem, Köln.

Wehner, Burkhard (1997), «Organisierter Dilettantismus oder demokratische Expertenkultur? Bürgerbeteiligung in der Endzeit des politischen Generalismus» en Klein, Ansgar; Schmalz-Bruns, Rainer (ed.), *Politische Beteiligung und Bürgerengagement in Deutschland. Mö-*

glichkeiten und Grenzen, Nomos, Baden-Baden, págs. 252-276.

Willke, Helmut (2002), *Dystopia. Studien zur Krisis des Wissens in der modernen Gesellschaft*, Suhrkamp, Frankfurt.

Wirth, Werner; Matthes, Jörg (2006), «Eine wundervolle Utopie? Möglichkeiten und Grenzen einer normativen Theorie der (medienbezogenen) Partizipation im Lichte der neueren Forschung zum Entscheidungs- und Informationshandeln», en Imhof, Kurt; Blum, Roger; Bonfadelli, Heinz; Jarren, Otfried (eds.), *Demokratie in der Mediengesellschaft*, VS Verlag für Sozialwissenschaften, Wiesbaden, págs. 341-361.

Zaller, John (1992), «Floating Voters in U. S. Presidential Elections, 1948-2000», en Saris, Willem; Sniderman, Paul (eds.), *Studies in Public Opinion. Attitudes, Nonattitudes, Measurement Error, and Change*, Princeton University Press, págs. 166-212.

g